営業の智慧

やり方と在り方

中村信仁

Shinji Nakamura

営業の智慧

やり方と在り方

はじめに

先人の智慧の書

営業の智慧は私が先人に教わってきたことの伝承であり智慧の書です。

この本のように物語ではない場合、どのページから読むのも自由なのでしょうが、不思議なことに、手にしてパラパラとめくって出てきたページが、いかにも今の自分の心境にピッタリだったなんてことになるはずです。それが本の妙なのでしょう。

本屋さんへ足を運び、なんとなく気になった本があるとしましょう。でもその日、たまたま持ちあわせがなく次に買おうとあきらめて家に帰ります。

後日、改めて本屋さんへ行ってみます。しかし、不思議なことに、その本を発見できなかったり、または手に取ってはみましたが、なぜ、あのときに欲しいと思ったのか分からないなんてことがよくあるものです。

心コロコロで、私たちの思いは瞬間《いま》に留まることなく、常にうつろい薄い靄《もや》の中にまぎれてしまうものです。人のご縁と同じように、本との縁も、その一瞬の交わりなのでしょう。

営業の智慧は、辛い営業活動の毎日に疲れたときに手にしてみるといいでしょう。きっと、今の悩みの出発点に戻れるはずです。

営業の智慧は、ノーの連続でお客様に会うのが怖くなったときに手にしてみるといいでしょう。その恐怖がどこからあらわれたのかが分かり、きれいに消すことができるはずです。

営業の智慧は、アポがなく、明日への不安に押し潰されそうな夜、手にするといいでしょう。いつの間にか自分の軸がブレていることに気づき、アポがなくなったのではなく、自《おの》ずからアポを捨てていたことに気づくはずです。

営業の智慧は、数字が挙がり絶好調な中で、この好調がいつまで続くか不安なときに手にするといいでしょう。良いことのあとには、更に良いことが続くと知るでしょう。

このように、営業活動は良いときも悪いときも不安と背中合わせです。それは、達成感がどの仕事よりも強いからであり、それ故、強い不安と背中合わせになるのです。真実は反転の中にあるように、不安だから希望が湧き、幸せだから不安になるのです。

そんなとき大切なことは、同じ人生を歩み、それを乗り越えた先人の智慧です。

本書は智慧の書です。

ひとつひとつが今の自分に大切な智慧となるはずです。

心静かに本書を開いて下さい。もちろんどのページからお読みいただいてもかまいません。なぜなら、そのページをあなたが選んだのではなく、そのページのことばが、いまのあなたを迎えにきたからです。

著者

営業の智慧　やり方と在り方

もくじ

はじめに　先人の智慧の書　3
営業のやり方　11
エッセイ　なりたいはいいが、なれるはダメ　55
営業の在り方　67
エッセイ　営業という芸と営業人という芸人　101

営業の可能性　109
エッセイ　五年は惰性で行けるくらいの体力を　169
お金について　179
エッセイ　運のいい人とは縁のいい人　189
顧客とは　199
エッセイ　場のカミサマ　221
使命とは　227
おわりに　三十年道となる　252

挿絵　しんアフロ

営業のやり方

営業の姿は
プレゼンテーションではなく
質問を繰り返すことにある

プレゼンテーションは「こちら」の都合だが、質問することで「お客様」の都合を聴くことができる。人は自分の都合を通したがる。相手の都合を理解しなければ我々は信頼され得ない。

アポイントは、お客様を優先しながらも、確実に自分のスケジュールに合わせること

限られた時間の中で、ひとりでも多くのお客様にお会いするには、スケジュールを自分でコントロールできなければいけない。二者択一話法をマスターし、確実な時間管理を行うこと。

欲張ってはダメだ。次を信じること

あれもこれもと色々な提案をしてはいけない。Aがダメなら B、Bもダメなら Cというのでは不信を買うだけ。他にも伝えたいなにかがあるのなら、その場で次のアポを頂戴するのだ。

時間は空くのを待つのではなく、自らつくり出すもの

二四時間、三六五日、すべての人が限られた時間の中で生きていて、忙しい人と暇な人がいる。しかし、本当に忙しい人が「忙しい」と口にするのを聞いたことはない。「忙しい」を口癖にする人に限って、単に時間のやりくりが下手なだけなのだ。時間は空くのを待つのではなく、空けるもの、つくるものなのだ。

成功よりも成長し続けることが成功となる

挑戦した結果のことを成功または失敗という。成功を目指す生き方より、成長し続ける生き方を軸とし勉強を怠らないこと。そうやって営業活動を続けると笑顔でいられる。そして成功者はいつも笑顔なのだ。

挨拶は先にするもの

挨という字は《迫る、押す》という意、拶という字は《開く》という意。挨拶とはこちらから相手の心を開くためにするもの。いつでも元気よく、いつでも誰にでも明るく。それが営業の挨拶である。

当たり前のことをしても
誰も褒めてはくれない。
だが、
当たり前のことをしないと
人は必ず文句をいう

信用される人、信頼される人、誠実な人、は皆当たり前のことをコツコツやり続けている。当たり前のことをさらりとできるからこそ、信用される人、信頼される人、誠実な人、といわれるのだ。

聞いたことは忘れる。見たことは分かる。やったことは身につく

そして、教えることは二度学ぶこと。人に教えることができたとき、それは本物の能力となる。営業は《教える仕事》でもある。教えられるだけの知識と技術を身につけること。

何を伝えるか、誰に伝えるか、どう伝えるか

プレゼンの基本はこの三つ。あれもこれも伝えようとするのは素人。みんなに伝えようでは誰にも伝わらない。そして、どう話すか、どう魅せるか、これがもっとも重要だ。

味方はそばにおけ。敵はもっとそばにおけ

ライバルや同業他社は争う存在ではない。我々の歩んでいる道が正しいか、我々のやり方が間違っていないか、我々の軸がブレていないかを確認するための存在をライバルという。ライバルや同業他社とは積極的に交流すること。

人はストーリーが大好き。物語のように出来事を伝える技術をもて

桃太郎や浦島太郎の噺を忘れないのは、そこにストーリーがあるから。商品説明をするのではなく、商品の「利用説明」をすること。その人にあった使い方をストーリーにして伝えること。顧客の数だけストーリーは増えるのだ。

同じ今日を生きたなら
同じ明日しかこない

今日、やらなければならないことはふたつだけ。

①昨日までの課題を仕上げる

②明日の目標を達成するための準備

毎日、過去にやり残したことを消化するために努力しているなら、つまらない人生を歩く。毎日を輝く日々に変えるには、今日のことは今日中に終わらせることだ。

言い訳するな。
正面から立ち向かえ

できない理由を並べたなら人は一生説明し続けることができる。その知恵を、正面から立ち向かうことに使うこと。言い訳を聴いて感動する人はいないし同情する人もいない。言い訳とは人生最大の後悔だ。

作法とは自分や他人を傷つけないためにある

人の心は傷つきやすい。一度傷つくとなかなか治らない。昔の偉人たちはそのことをよく知っていた。だから作法を作った。相手を傷つけなければ、自分の心も傷つかない。いつも礼儀正しく振る舞い、作法を用いること。営業における作法の基本は笑顔だ。

時間で仕事をしない。仕事で仕事をするのがプロ

何時から何時までと時間で仕事をするのはアマチュア。ひとつの仕事を片付けるまで続けるというのがプロの仕事の仕方。時間を競うから能力に差を感じるのだ。仕事の成果を競えば早い遅いは無意味になる。

文句と意見は別物

文句は不満。意見は指針。

文句をいわずやり遂げる者にいつも道は示される。

文句はしたくないから出る。意見は完遂したいから出る。この小さな違いが、小さな日々の大きな違いだ。

折れない心は、基本を身につけた心に宿る

練習したことは必ずできるようになる。まぐれや偶然は人生にそうそう訪れない。コツコツと基本を積んだことが、いざというとき、心をしっかりと支えてくれるのだ。

心は姿になり、姿は形となり、形は行動に現れる

心が元気なら元気な姿をしている。心がくたびれていたらくたびれた姿をしている。姿を見ればその人の営業の形が分かる。それはそのまますべての行動になっている。

営業に必要な三つの力……集中力、会話力、渦潮力

自分が集中するのではなく相手を自分にだけ集中させる力。そして上手に話すのではなく双方向で会話するために質問を繰り返す会話力。さらに自分の流れにピタッと相手を導く渦潮力。この三つの技術を持たない者を我々は素人と呼ぶ。

相手の目を見て頷くこと

絶対に目の前の顧客から目線をはずしてはいけない。誰よりもあなたのことを理解しているのは私です、という思いをこめて見つめること。中途半端な覚悟で営業している者は簡単によそ見をしてしまう。

会話には《間》が必要。相手に考える《時間》を与えるのが《間》の力だ

人は長く考えても答えを出せない。半年も迷っている人は答えを出したくないだけ。答えは長い時間考えるのではなく、深く考えるから出せる。プレゼンテーションの中で顧客に深く考える機会を与えるのが《間》なのだ。深く考えるから顧客は決断ができる。

《間》がプレゼンを深くし、選択と決断をスムーズに導いてくれる

沈黙は宝なり。もし、相手が目線をはずしたなら、それは「考えている」というサイン。《間》という沈黙は怖いものだが、その恐怖に打ち勝つことが奥深いプレゼンテーションを創り出している。

ニコニコしながら話を聞く うなずきながら話を聞く 人は楽しんでくれる人と 会話したいのだ

自分の話に相手が興味を持ってくれているか人はいつも気になっている。自分の話をニコニコ聴いてくれたらとても嬉しくなる。だから顧客の話は必ず笑顔で聴いてあげる。顧客は笑顔で聴く我々を大好きになる。

応酬話法は武器と同じ。だから正しく使うこと

心無い者が武器を手にすることくらい怖いものはない。我々営業人は応酬話法という凶器に等しい武器を持っている。それはどんな人とでもコミュニケーションをスムーズにしてしまうことばの武器。だから正しく公平に優しさをもって、その武器を有意義に活用しなければならない。

売る技術の前に、売れる習慣を身につけること

習慣は第二の人生という。良い習慣が良い暮らしをつくり、悪い習慣が悪い暮らしをつくる。売れる人は売れる習慣があり、売れない人は売れない習慣になっている。あと五分頑張るという習慣、五分くらいいいやとあきらめる習慣。この習慣の違いを大切に思う習慣を持つことだ。

五分の了解は
三〇分の了解と同じ。
三〇分の了解は
二時間の了解と同じ

小さなイエスをいただくことが大きなイエスにつながる。まず、欲張らずに小さなイエスをたくさんいただくこと。チリも積もれば山となるのだ。

アポをとり、プレをし、オーダーを書く。この繰り返しをコツコツできる人をトップ営業という

毎日毎日、小さなことを繰り返す、同じことを繰り返す、そうやって続けることが大きな成果を生む。すべての世界において、同じことをコツコツ繰り返せる人を世間の人は天才という。

分からないことをその場で聞ける人は成績が伸びる

正直な人を顧客は信用する。素直な人を顧客は大切に思う。分からないときは、正直に伝え、その場で教えていただくことが大切だ。

元気よく挨拶できる人は成績が伸び続けるものだ

水は流れ続けているからいつも美しく透きとおっている。心の流れは挨拶だ。挨拶が行き届いていると心が美しく透きとおる。心は見えないが心づかいは見える。挨拶こそコミュニケーションにおける最高の心づかいだ。

明るい笑顔が明るい明日を創る

昨日の結果が今日であり、今日の積み重ねが明日だ。笑顔の数だけ幸せがやってくる。人は幸せだから笑うのではなく、笑うから幸せになる。そして明るく幸せな人のそばに、明るく豊かな顧客が集まる。

一期一会の大切さを知る人がトップ営業の道を歩いている

また会えると思う油断……、今度でいいやという甘え……、後からやろうというだらしなさがすべてのご縁を粗末にする。また会ってもらえるほど顧客は暇ではない。今生において最初で最後の出会いであるという覚悟と気合を肚に据えろ。

浅い思考の連続をやめ、深い思考の時間を与える。これが究極のプレゼンテーションの基本だ

瞬間、瞬間、お客様に選択と決断を繰り返させる。お客様が決断に迷ったままのプレゼンを続けると必ずノーになる。ひとつひとつ《間》をとり、確実に深く考えてもらうこと。

検討する……。なにを検討するのか、聞いたことがあるだろうか

よくいただく断り文句のひとつが「検討する」だ。いったいお客様はなにを検討するのか。分からないことはその場で聞かなければいけない。「なにを検討されますか」と。

このように分からないことをその場で聞ける者こそトップ営業人である。

営業の基本は《聴く》《観る》《伝える》この三つ

聴くとは耳と目と心で聴く動作。観るとは感じるということ。伝えるとは説得ではなく納得していただくこと。我々は顧客の話を聴くことからすべてが始まる。顧客は話すことで頭の中を整理する。頭の中が整理されると、初めて我々のいうことを聴く余裕が生まれる。だからまず聴くのだ。

トップの道を歩く人は、常に《一流》を学び続けている

なぜ、パリでは一流の芸術家が育つのか？
それは、パリには一流の芸術家がいるから。
すごい人に学ぶこと。本物に学び、本物から感性を吸収すること。

クロージングとは《イエス》にするためばかりではなく《ノー》をいただくためにも、しっかりクロージングを掛けること

クロージングとはイエスかノーのどちらかを選んでいただくための技術だ。我々は結果をいただくから次へ進める。だからノーをいただく勇気も必要である。答えを先延ばしにする営業マンは結局成績を悪くしている。ノーをいただく勇気を持つこと。その勇気が明日のイエスの種蒔きだ。

歩く早さで営業すること

少し止まると書いて歩くと読む。止まっては周りを見渡すことが歩くことだ。営業で大切なことは急ぐことではない。急成長には必ず急降下が訪れる。急拡大には急ブレーキが必要になる。顧客は早さを求めてはいない。誠実で確実であることを求めている。

よい聞き手ほど説得力のある人はいない

顧客は自ら話をすることで、自ら納得するものだ。顧客は自分の話を聴いて欲しいのだ。聴く人こそ顧客にとって最高の営業人なのだ。

顧客の声を《見える化》すると紹介が舞い込む

自分で自分をスゴイというのはアホだろう。しかし顧客がスゴイというと振り向いてもらえるのが市場心理。我々の会社、我々の商品、我々のことを評価してくれる顧客の声をどのように情報発信するかが見える化の仕組みとなる。

プレゼンテーションは最初に目的を伝えること

なにをしにきたのか明確にしなければ最初の三十分を無駄にしてしまう。売りたいのか、ヒアリングだけなのか、何分必要なのか、今日はどこまでの答えが欲しいのか。これらを隠しながらズルズルとプレゼンテーションをする者は、最後まで信頼を得ることはできない。

アプローチの目的は、あくまでも《会う》ことにある

顧客の反応が良いか悪いかを気にする営業人がいる。電話でイエスを探る営業人がいる。アプローチの目的は、面談の約束をいただくことのみ。数字に追われると、効率の良いアポだけを狙い始めるが、それでは数字にムラが生まれ、結局良い成績を得られなくなる。

五感を磨く

感心、感謝、感動、感激、感性、の五感を磨かなければいけない。感心したなら、感心される人になる。感謝する心は大切だが、感謝される人になる。心の嗅覚、心の聴覚、見えないものを感じる力を感性というが、徹底的に感性を磨く努力を繰り返さなければすぐに売れない人になるだろう。

納得しないことを進めてはいけない

納得しないまま時間に追われ次へ進むうちに取り返しのつかないズレが生まれる。分からないことや疑問は必ず文書に残すこと。その紙をいつも確認する習慣をつけること。どうしても納得しないものの、納得できないものは勇気を持って断つ必要がある。

エッセイ

なりたいはいいが、なれるはダメ

誰を喜ばせたいかというと、やはり自分のことを好きだといってくれる人を私は喜ばせたい。それから、私が好きな人もやはり喜ばせたいですよね。それだけでいいでしょう。ひたすら純粋にそんな人たちを喜ばせられれば……。

私の仕事は、会社経営、営業人メンター、講演活動、執筆、とジャンルは様々で、更にラジオパーソナリティーのお仕事も引き受けました。そのラジオの番組を持ったとき、「いったいお前はどこへ行きたいの?」って嫌味をいってくる人も多かったんですが、お客様や永業塾の仲間たちは逆に大喜びしてくれたんです。だって、そりゃそうですよ、自分の会社の営業をプロデュースしている人が、ローカル局とはいえ地元の人気放送局で自分の冠番組を持ち、朝から元気にしゃべっているわけですから、嬉しいのは当たり前です。でも、そうやって喜んでくれる人が半分いたら、もう半分は妬んでもいるものです。

これはどんな人気者でも同じなんです。百人のファンがいたら百人のアンチがいる。何万人ものファンがいたら、何万人ものアンチもいるんです。だから、いちいち嫌味をいう人に気を使っちゃいられません。

周りの人たちが自分に対してなにを期待しているのかを察知できるのがプロでもありますから、永業塾の仲間たちの期待に応えなきゃいけない。彼（彼女）らはみんなそうやって新しいことに挑戦し、活き活きしている私を望んでいるし、そうやって歩き続けることを期待してます。ですから、喜んでくれる人を中心に私は前を向いて活動を続けます。

昔はみんなに好かれようと躍起になりました。ノーのお客様をイエスにするんだって。でも、そんなのは意味のない行為でした。それより、好きだといってくれる人をもっと好きにさせる努力の方が楽しくてわくわくしますよ。

永業塾へ集まる人って、すごく真面目な人が多いんです。それに営業という生き方の王道を歩く人たちばかり……。もっというと、ズルイ人がいないんです。だから手が抜けないどころか、本気で日々鍛錬を続けてみんなの半歩前を歩かなきゃならない。

今年、営業道三十二年目を迎えましたが、仲間のみんなが営業道十年とか、営業道二十年、三十年と節目を迎えるとき、どう在るべきかの見本でなきゃならない。十年偉大なり、二十年恐るべし、三十年で道となるといいますが、三十二年目の私は営業の「道」を語る資格を得たわけです。だから、弱音も吐けないどころか、いい齢をして未だに挑戦し続けなきゃならない。

そんな中でのラジオの仕事でした。営業でことばを磨けば、こんな仕事もできる、あんな仕事もできる、それにこんなステージもあるんだよってことをみせたかった。

でも、始めたなら、終わらなきゃいけない。始めるときより終わるときの方が難しい。

だってしがみついちゃうでしょう。

人ってやっぱりどこかに欲があって、一度手にしたものはなかなか手放せない。

だから、どう終えるか……だったんです。

実はラジオの仕事を始めたとき、三年以上は続ける。だけど五年以内には綺麗に終えようって考えていた。石の上にも三年っていいますから。

それで、日高晤郎先生に学んだ期間も入れて丁度満五年でラジオを卒業しました。

次はどうするの？

そう聞いてくる人が多くいますが、どうするこうするどころか、やりたいこと、したいこと、やらなきゃならないことが次から次と迎えに来てくれるものですから、もうしっちゃかめっちゃかなんです。だけど実はまだなにも決めていません。(この本が書店に並ぶ頃には、新しいことがまた始まっているかもしれませんが……)

次にやることを決めてからやめる人が多いんですが、よく観察してみると、失敗する人ってそんな風に準備のいい人なんです。計画を立て、次の仕事を決め、今に幕引きをする。だけど上手くいかない。

実はやめるのが先なんです。出入り口って出る人がいるから出入り口なんです。入り出口なんてありませんよね。だから人生も仕事もやめるのが先。やめるから次が始まる。もっというなら、本当はやめないと次は迎えに来ないんですね。

要領よく振る舞い、準備を進め、それからやめる。これにはどこか計算があって、やっぱり駄目なんです。

終わるから始められる。だから始めるときに終わりをみておきます。もちろん、もし三年やって「よし、この三年があるならあと十年はやれる」という自信にあふれる三年を過ごせたなら十年を目指します。だけどなんにしても絶対に終わりを意識します。今回、当初の想いに従って五年で辞めたのは、自信にあふれる三年を過ごせなかったからなんです。よし、この三年があるならあと十年やれるって思えなかった。それどころか、生半可な覚悟で足を踏み入れちゃならないことを知りました。だってそうですよ、営業の世界だって中途半端に入ってきてぬるい言い訳してちゃみんなそっぽ向いちゃいます。ラジオの世界は「音」だけの世界。その中を歩くには覚悟が必要だった。その覚悟を持たぬまま私は足を踏み入れてしまったんです。ですから日高先生に見事に見抜かれましたよ「お前は覚悟を持たぬまま始めたんだね」って。そのかわりというのも変ですが、始末はきちんとつけました。やめるという覚悟を持って。そこだけですね、日高先生にこの五年間で唯一褒められたのは。潔《いさぎよ》いって。

営業の道を語る資格を得た今、大切なことは、永業塾の仲間やお客様に、あいつみたいになりたいとか、あいつみたいな生き方をしてみたいっていう憧れの存在で居続けることで、あいつみたいになれる、あいつみたいな人生を歩ける、と思われたら負けなんです。誰に対して負けなのか、もちろん人生は勝ち負けじゃありませんが、自分との戦いなんですよ。だから、そのときは自分に負けちゃったってことです。

いつだって自分に対して勝たなきゃならないんです。要は「なりたい」はいいけど「なれる」って思われちゃダメなんです。だから半歩前を歩き続ける鍛錬を繰り返しています。

私にとって半歩先を行くそのひとつがやはりやめ方だったんです。

面白いもので、そんな生き方を歩み出してみて気づいたのですが、不思議なことに逆にとても楽に生きられるんです。本当に不思議です。でも、これは、いちいち自分を嫌いだという人に構っちゃいられないことに気づけたからなんでしょうね。

嫌いでいる人がよくいうのは「ここをこうしたら、お前を好きになってやってもいいぜ」というセリフ。

でもこれはかなり暴力的ですよね。自分に従わせようという魂胆のあるセリフですから。

そんなことをいう人の顎の下を撫でる気が私にはありません。

それだったら好きでいてくれるなら惚れさせますよっていう生き方の方が潔いじゃありませんか。好きでいてくれるなら、もうとことん惚れさせるまではやりますよっていう生き方。

それは、ただなんとなく周りの人に好かれていたとして、その人たちが心底信用してくれていないなら、いっそのこと二十人に惚れられて残り八十人に嫌われる道をとります。これはやはり覚悟の問題で……、そして本も同じなんです。

いかに多くの本を売るかばかりに精を出している人もいるようですが、百人に、読みもしない本を買っていただくよりかは、二十人の読者に、読んで感動してもらう生き方を選んでるだけなんです。

青臭く聞こえるかもしれませんが、それが私には正しい生き方のように思えて仕方ないんです。

営業の在り方

耳で聞くのではなく心で聴くこと

耳に目と心を足すと「聴」という漢字になる。五感のすべてで相手の話を受け止める行為を「聴く」という。

口はひとつ、耳はふたつ。しゃべる前に聴くことから始める

安心できる人、尊敬できる人、頼れる人、これらすべてに共通していることは「人の話を聞いてくれる」ということだ。

ことばは釘と同じ。発した後に訂正しても必ず釘穴が残る

間違ったことばは訂正できる。しかし、その人の心には残る。正しいことばを常日頃から心掛けることが大事。

いつも正しい心でいて下さい

心の軸を朝におくとよい。まず朝起きたら「今日も正しく生きよう」と誓う。朝、心を整えると夜まで最高の一日に守られるもの。

私たち営業の人間は、応酬話法を身につけるより先に正しい心を持たなければいけない

技術やテクニックで登れるのは八合目まで。その先は心の在り方の世界。人は正しい人が好きで、本気の人が好きで、一生懸命の人が大好きなもの。

テクニックは損得の心で利用するのではなく、善悪の心で活用するべきものだ

テクニックは「技」、テクニックは「武器」、邪心ある武道家が技を身に付けたらどうなるか、悪い奴が拳銃を持ったらどうなるか、技や武器は正しい心があって初めて生きるもの。営業にある技術は「凶器」でもあるのだ。

受けた恩は石に刻み、掛けた恩は水に流す

お客様からご紹介をいただいたり、なにかをしていただいたことは、絶対に忘れてはいけない。しかし、したこと、してあげたことはすぐに忘れること。

愛のないことばでプレゼンを受けても、そこに、感謝、感動、感激はおこらない

感謝、感動、感激の三感王のすべてにあるキーワードは《愛》。愛する心がイエスを呼び込む。愛する心がファンをつくる。

営業は夢想家ではなく理想家であること

夢を見るのは自由だが、我々は常に理想を追求していなければいけない。夢を見るのは顧客であって、我々はその夢を観せる側に立っている。

営業は礼儀正しく。礼儀とは最高の愛であり究極の優しさだ

人は傷つきやすいもの。礼儀とは相手を傷つけないためばかりか、自分が傷つかないために発生した。自分を愛するとは人に礼儀正しく接する行動にあり、相手を傷つけない行動こそ優しさである。そして最大の礼儀は、笑顔でいること。

売れない人は《どう売るか》を考え、売れる人は《どう喜んでもらうか》を考えている

売ることをゴールにしている人は、毎日の営業活動が苦痛でたまらない。日々楽しく働いている人は、売る行為を通過点とし、その後にどれだけお客様を喜ばすかばかり考えている。営業はどこに軸を置き活動するかが苦楽を分けることになる。

靴をそろえるということは、すべてに気配りができるということ

靴をそろえると心がそろう。心がそろうと靴がそろう。脱ぐときにそろえておけば、履くときに心が乱れない。こんな簡単なことを、なぜ我々はないがしろにしているのか。誰かが乱していたなら、そっとそろえておくのが営業。

ごみを拾うことは《徳》を拾うこと

ゴミは徳のかたまりだ。ゴミを捨てる者は《徳》を捨てている。捨てるのも、拾うのも、どちらにしても、誰も見ていないときの行為こそ我々の本質が問われる。

私はいつも感じている。神さまに守られている自分を

目に見えるものだけがすべてではない。夜空に輝く星だって昼間は見えないのだ。感じることが大切。営業は特に《感じる力》が大切なのだ。

縁をつくってくださった人は誰か。いつもその人に感謝すること

すべての契約は「誰か」からのご縁だ。必ずそのご縁をつくってくださった人が存在している。縁を粗末にする人は、いつも少ない契約に必死になる。縁を粗末にする人は《報告、連絡、相談》が粗末だ。日々、報連相の徹底をすることが、ご縁を育てる基本となる。

ご縁はいただくもの。そして育てるもの

いただいたご縁はしっかりコツコツと育てなければならない。花に水を与える如く日々いただいたご縁に感謝し、ご縁をくださった方と新しいご縁に対して誠意を持って接するのみ。「まぁ、いいか……」という心がすべてのご縁の根を絶つことになる。

営業とは神さまに選ばれた者だけが就ける最高の職業だ

売上げとは顧客からの預りもの。頼むぞ、任せるぞ、と世間様が信じて預けてくれる。信頼され、信用され、初めていただけるのが売上げ。その売上げを、顧客から預ってくるのが営業だ。無礼な人、無神経な人、だらしない人、無責任な人を世間は信用しない。

売れないときは、心を体の真ん中に置き、命の根っ子を太く育てるときだ

心が中心にあれば、身体のバランスは絶対に崩れない。身体の軸がズレていなければ自然と命の根っ子が太く大きく伸びる。根っ子が強ければ、多少の嵐で倒されることもない。いつも心を体の真ん中に据えることだ。

ことばを磨け

ことばは釘穴と同じ。打ち込んだ釘を抜くことは簡単だが、必ず釘穴が残る。ことばも、間違えたなら訂正できるが相手の心には傷が残る。発する前に、そのことばの影響を考える必要がある。

耳に届くネガティブなことばや考えは、耳をふさげば聴こえなくなる

知る権利ばかりじゃなく知らない権利を行使する時代だ。見ない、聴かない、知らないも大切な権利。なんでも知っていることが本当の豊かさではない時代がきた。そして営業の世界こそ、不幸な心を育む情報など徹底的に排除するべきだ。

成績の良い人は、皆、本気で《そのこと》に取り組んだ人

誰も本気の人には勝てない。だから、本気でいるだけですべてを手に入れられる。今本気にならないで、いつ本気になるんだ。

なぜ営業は厳しいのか?

それは、いかに努力したかではなく、いかなる実績を挙げたかを問われるからだ。

我々は実績の挙がらない理由を一〇〇万回述べようとも、ひとつの実績が持つ説得力にはかなわない世界に生きている。

営業はお客様からいただく《ありがとう》のことばが最高の報酬である

これ以外、望むものはない。笑顔で《ありがとう》といわれた瞬間、すべての努力が報われる感動を得る。この感動が次への一歩を踏み出す勇気に変わるとき、我々は大いなる力に包まれていることを知る。

世の中に、良い商品、悪い商品はない。良い営業人、悪い営業人がいるだけ

世間には、良い会社、悪い会社もない。良い社長、悪い社長がいるだけ。つまり、すべては《人》なのだ。人が集まり世の中はつくられている。善も悪も存在して当たり前だが、我々は良い営業人で在り続けたい。

雨の日は雨の中を、風の日は風の中をただ淡々と歩くだけ

自然現象に対して一喜一憂するのは愚者である。賢者はいつも自然と共に在る。気負わず、背伸びせず。流れにそって仕事をすること。世の中は《あるもの》と《つくったもの》のふたつだけ。山はあるもの、ビルはつくったもの。あるものと戦ってはいけない。

自分を分かってもらう前に、相手のことを分かってあげよう

自分、自分、自分、といつも自分のことばかり考えていたら、一人ぼっちになってしまう。俺が、俺がの我を捨て、おかげ、おかげの下で生きる。営業は自分のことを後回しにし、あなた、あなた、あなた、と相手のことを優先すること。

営業は欠点を直すほどの時間は与えられていない

自分のダメなところは無視すること。考えて直るものならとうに直っている。また直すほど人生は長くもない。それよりも営業人は、得意なことと好きなことに集中しなければならない。自分の強みはなにか。それに集中すべきだ。

あなたは自分の下で働けるだろうか

もし、自分が自分の部下であったならどうか。自分の下で働けるか。自分が理想とする上司と自分は同じだろうか。我々はいつも自分に問い掛け続けるべきだ。自分が自分の部下であったなら、今以上のやる気を持って活動できるだろうかと。

我々はなぜ営業職に就いたのか

我々がこの職業を選んだのではなく、この職業が我々を選んだのだ。この職業に選ばれたことにもっと自信を持つべき。

営業における最終勝利者は、みな人格者だ

営業活動だけは、早い者、上手な者に分があるわけではない。小手先の販売上手は瞬間的な成功をおさめたとしても長続きはできない。いつも最後はいい人が笑顔でいられる世界が営業だ。

才能よりも欲に走っていないか

才能を磨く努力を怠り、欲を満たす活動に走る営業人がいる。欲は永遠に満たされないが、才能は欲の量に反比例し失っていく。欲に従って生きるために営業活動を与えられたのではない。

最大の欲は自分の都合で生きること

うまくいかなくなるときは無意識に欲に走っている。自分のなにかが間違っているとき。お金や物欲への執着であったり、利や肉体的な快楽を選んでいたりするとき。自分の都合を優先していないか、公私を混同していないか考えること。

別れ際の表情にすべてが表現されている

見送ったり、見送られたり、別れ際の表情を大切にしなければいけない。特にエレベーターなどでは完全にドアが閉まるまで感謝の心を失ってはいけない。我々は別れたときの表情のままで顧客と再会しなければならない。

エッセイ

営業という芸と営業人という芸人

営業のプロっていうのは裏に回れるかどうかじゃないでしょうか。要は裏側を観られるかどうか。例えば紅葉があって、それは葉の表を見ているのか、それとも葉の裏を見ているのか、一般的には葉の表（一面）を見て楽しんでいるのでしょうが、そんなときに敢えて裏側を見に行くのがプロなんです。

その上で私たちは紅葉を「美しいね」といいます。だからそのひとことに深みがでるのでしょうね。つまり私たちプロはいつもふたつ……両面を観ているんです。

明るいけど暗い、楽しいけど儚い、悲しいけど嬉しい、華やかだけど侘しい……というように。

だから、なんで涙が出るんだろうってときに、プロならポンとひとつのことばを足せるような人になっていなきゃいけないと思うのです。

そのひとことを、足せないで終わる人が素人で、足せる人がプロ。そしてプロっていうのは「楽しいですね、でも、どこか切ないですね」とそれを表現するような場面に出くわしたとき、えぇとぉ、とか、あのぉ、とかいわないものです。

素人は感性だけを真似して「えぇとぉ、楽しいですねぇ。でもぉ、あのぉ、なんかぁ、ちょっと切ないですよね」とやっちゃいます。

プロと素人なんていうのは、こんな些細な違いなのでしょう。だけどこの些細な違いが大きな印象の違いを生んでいるんです。

だからこそ中途半端に丁寧なふりをしないで、ここぞっていう場面で私たちプロはザクッとことばを切ることをします。

つまりプロというのは、表現で相手の心に入り込む勇気を持つか持たないかの違いなんです。

「なんでそういういい方をするの？」って言われて、「だってそうですよね」とここでザクッと問いを切るのがプロです。

「楽しいけど切ないな……」

「えっ、なぜ？」

「だってそうじゃないか、終わるんだよ。終わらない楽しさなんてないんだから。それを思うと切ないだろう。いっそ楽しくないい方がいいな。

でもそれをいうとひねくれ者になる……。だけど、いつもそんなふうに思うんだ。生きているな、楽しいな、でもやがて散るんだな、儚いな、って。

だから今楽しいことを大事にするんだよ。そうだろ、切なさが見えないやつってずっと楽しいと思っている。だからいけないんだよ。一番……本当に悲しいときに耐えられない人はそういうことだよ。普段悲しいってことが分かっている人間っていうのは何とか踏みとどまれるけど、悲しさなんか来ないっていう人、訪れるはずがないと思い込んでいる人たちが、一番大きな悲しみを抱えたときに、自分の胸の中でドンと音を立てて入り込んできちゃって、踏みこたえられなく倒れてしまうんだ。俺たちはいつも楽しい訓練をしているんじゃなくて、悲しい訓練をするために生きるんだから」

という具合にプロは切り込むものです。

でも、これは営業の世界観だけでは気づかなかったことなんです。実はラジオの仕事をやったからそのことに気づけました。ただ、これは営業という芸にも通じていて、お客様との会話の中で、お客様が発する「なぜ?」というサインに間髪入れずにひとこと足すことばを持ち得ているかどうかなんです。でも、こういうことを、あーとか、えーとか、あのぉとかいわず、そして逡巡しないでザクッと切れるかどうかということなんです。

そのときにお客様はなにを考えるかっていうと「あっ、この人はプロだ」って思うんですね。

他にも我々はお客様といつも約束をしていることがあります。

それは「いつだって元気」ということなんですよ。

もちろん人間ですから三六五日元気なわけがない。

だけど、元気なんですよ。

プロは元気を演じられる。

素人は演じられないから「甘える」

しかしプロはいつも元気を魅せられる。

この違いは大きいんです。

お客様はこの違いにはなかなか気づいてはくれないけど、この大きな違いは、気づかれない分、すっと年月が過ぎていき、不思議と五年十年という歳月を経て、キャリアは同じ長さなのに、売れる人と売れない人に分かれたとき、この拡がってしまった格差に気づくんです。

つまり素人とプロの違いってこんなところなんでしょうね。目に見えそうで見えない。だけど月日が経つとはっきりした差になっている。

ただ、世の中には元気だけど元気じゃない人が多すぎます。

要は甘えている人が多いってことなんですが、だからこそ、元気じゃないけど元気を魅せられる人のところに人々は集まってくるし、そうやって両面を知っている人のことばに、やはり納得して魅せられてしまうんじゃないでしょうか。

営業の可能性

我々は自分がイメージしている以上のことを決して行えない

できることも、できないことも、自分がつくりあげた限界である。我々は無限の可能性を持っている。それは絶対にあきらめない折れない心の中に存在する。

可能か不可能かを決めているのはいつも我々自身だ

やめない限り失敗ではない。続ける限り失敗は訪れない。あきらめているのはいつも我々自身だ。

営業は成功より失敗の方が圧倒的に多い

野球なら十回のうち三回の安打で天才と呼ばれる。七回は失敗している。営業なら十回のうち二回のイエスで天才と評価される。

失敗とは継続を止めた時点で判断するものであり、続けている者に失敗も成功も存在しない

失敗するからやらないという卑怯者になってはいけない。やらない者に失敗はない。しかし、それ以上に成功もない。続ければいい、納得するまで。自分が納得した状態を成功というのだ。

失敗に学べる者が成長する営業人だ

失敗とは「その方法ではダメ」ということを教えてくれたにすぎない。他の方法や次の方法へ進みなさいという道標だ。

人生とは、百回挑戦して一回成功するか千回挑戦して一回成功するかそこに桁違いの成長が隠れている

正しい在り方に辿りつくためには必ず失敗を経験しなければならない。なぜなら失敗の先にしか成功は存在しないからだ。

後ろ向きのことばかり考えていると、ことばも後ろ向きになる

人は普段考えていることがことばとなる。ことばは聴いてくれる人のために発せられるものである。今、我々の目の前にいる人を喜ばすことば、幸せにすることば、ワクワクすることばを心掛ける必要がある。

苦労に負けず、苦労を肥やしに

可能性

苦労に慣れてしまうと、幸せを目の前にしても「良いことの後には悪いことが必ず起こる……」と考える思考習慣となる。苦労をバネにすれば「これだけ良いことが続いたのなら、これからもっと良いことが訪れる」と思考できるようになる。

人は出会うべく時、出会うべき人に、一分一秒のずれもなく出会うすべての出会いは必然なのだ

出会いに偶然はない。すべての出会いは必然だ。その出会いに心から感謝できれば、その先に光が射す。出会い、ご縁、その意味はすぐに分からずとも、人生に必ず必要であるのだ。

イヤなことには《ありがとう》嬉しいことには《感謝します》を口癖に

イヤなことに感謝できる人に「イヤなこと」は訪れなくなり、嬉しいことに感謝する人には、「もっと嬉しいこと」が訪れるようになる。

営業に乗り越えられない壁はない。乗り越えられないほど大きな障害が訪れたときは、その障害が勝手に我々を避けて通る

障害（壁）に気づくのは、それを障害だと認識できるから。人生には気づかない障害の方が圧倒的に多い。障害は我々のレベルに合わせて訪れる。そのレベルに達したから、その障害が見える。障害を感じられるということは、自分がそれを乗り越えられるレベルだからだ。

人間は習慣の生き物で、習慣は第二の人生をつくってくれる

善い習慣と悪い習慣がある。朝起きという習慣、朝寝坊という習慣。勉強するという習慣、しないという習慣。良い結果につながる習慣、悪い結果につながる習慣。善い習慣が善い人をつくり、悪い習慣が悪い人をつくる。

遊ぶときは財布の半分。本を買うときは財布の全部

学ぶことにケチな人は人間関係にもケチ。学ぶことに貪欲な人は人間関係にも貪欲。
営業は勉強に対して欲張りであること。

ご飯を食べる仲間、遊ぶ仲間、お酒を飲む仲間が我々の人生を創っている

我々の環境（ことば、不満、悪口、噂、文句など）はそのまま自分の未来をつくる。お金や時間の管理と同じように環境もきちんと管理しなければならない。

まだ訪れてもいない明日を恐れないこと

心配するということは、別にその人が慎重なのでも、マジメなわけでもない。臆病という病気。心配癖はその人の思考習慣病。明日はすごい素敵な一日なのだと信じる思考習慣を持て。

恥をかかされる経験は、自分を一番成長させてくれる

人から馬鹿にされればされるほど人は尊敬されるものになっていく。つまり、恥をかくことは素晴らしいこと。恥をかかされる経験は神さまからの贈りモノである。その経験からの気づきはかけがえのないものとなる。

誰しも想う。今年よりも来年の方が良くなるはずだと。それが希望

我々は生まれたときは全員ポジティブだ。歩ける保証もないのに自分の可能性を信じ、歩こうと努力する。だからこそ、今日より明日、明日より明後日、と希望を抱くことが本能的にできる。信じる勇気と叶える覚悟を持ち続けろ。希望は勇気である。

仕事の能力はたったひとつでいい。明日を信じられる能力だけ

もしかすると五分後に素晴らしい出会いがあるかもしれないのだ。一時間後に電話が鳴り、最高の依頼があるかもしれない。人の能力に大差なんかない、あるのは明日を信じる勇気の大小だけ。

運のある人とは希望のある人

明日を熱く語る人、明日への希望に満ちている人、明日を信じてやまない人、そういう人に必ず「運」は力を貸してくれる。

素直に勝る成長力はない

聞いたことがあっても、読んだことがあっても、すべてを新鮮に受け止める心が本当の成長への入口。すべてのアドバイス、すべての指導に対して感謝する心が、仲間を創り、師と出会い、自分の無限の成長へとつながる。

出る杭になれ。誰よりも成長を目指す杭に

出る杭は打たれるからと出ることを恐れてはいけない。営業は打たれてなんぼだ。出過ぎた杭は打てないから、出過ぎてしまえという人もいるが、それはただの孤独を招く。営業は打たれてなんぼ。そして、打ってくれる人が我々のファンなのだ。

重くとも我が荷
人に譲るまじ
担うにつけて荷は軽くなる

誰もが無理だと思うくらいデカイ夢を背負い、その夢に押し潰されそうになりながらも背負い続けるうちに夢は軽くなり叶う。それが成長だ。

夢は叶うと信じる朝を

夢は叶う。あきらめなければ。人は叶う夢だから見るのであって、叶わないレベルのことは想像すらできない。だからあきらめなければすべての夢は叶う。毎朝信じることだ。自分の夢が叶うことを。

営業において最大の敵は迷い

迷ったらやる。迷ったら進む。やらなかったことに後悔するより、挑戦したことを誇りに思える営業活動こそ価値を残す。失敗はバネ、成功はステップ。大変なことは、迷ったとき、歩みを止めてしまうことだ。

自信に裏付けはいらない
根拠の無い自信こそが
真の自信なのだ

なんとなくできそうなこと、なんとなくやれそうなこと、なんとなくできると思ってしまうこと、なんとなくやれると思ってしまうこと、自信なんてそんなものだ。この《なんとなく》という感性こそ自信の源だ。

自分が自分を信じることに説明なんかいらないだろう

自分がそう思うこと、自分がそう感じること、それをいちいち説明なんかできやしない。自分を勇気づけられるのは自分の折れない心だけだ。自分の可能性の理由を考えるな。心が既に進む道を示しているのだから。

二五〇日働き、百日遊ぶ

営業は労働の対価で賃金を得るのではない。働くという権利を行使して報酬を得ている。我々は人の幸せもひっくるめて世の中の幸せを叶えようとして生きている。遊んでいる暇などない。働いて、働いて、働いて、世の中の役に立つ人間になるだけだ。

遠慮するな、自分の人生に

誰に遠慮して生きているのか。遠慮など爪の先ほどもいらない。自分の道を自分の足で歩く中において、なんの遠慮が必要か。

オギャっと生まれて
バタッと死ぬまで、
たった一回の人生じゃないか

生まれて、生きて、死ぬ。
この三つしか我々にはない。
生まれることと死すること、
これはどうにもできないが、
生きることはなんとでもなる。どう生きるのかは自分でつくり上げられる。

自分の人生に言い訳してなんになる

ひとつ言い訳すると五分もの時間を失う。できない理由を考えていたら、三日もの時間を失う。誰のために言い訳しているのか。自分が自分に言い訳することくらい無意味なことはない。

あきらめない限り
すべての夢は実現する

直ぐに実現したいと躍起になる者が多いが、そんな簡単に実現できるほどちっぽけな夢を描いているのか。夢なんてものは、コツコツあきらめずにやり続けるから叶うものがほとんどで、やり続けているのに叶わないことの方が不思議でならない。

変えたいものがあるなら
達成したいなにかがあるなら
もっと本気になればいいだけ

本気という力ほどすごいものはない。本気になったならやれないことはない。一念岩をも通すといって、たった一本の矢が固い岩を貫く力を本気という。

いかなる困難に直面しても目的を放棄するな

困難に気づくということは、それが壁だと分かる能力があるからだ。ということはそれを乗り越える方法も気づけるはずだ。

やらなかったことを恥と思える人は必ず成長する

二者択一での決断を迫られたときはやる方を選ぶ習慣を身につけること。そして、険しい道と、安易な道があったならいつも険しい道を選ぶこと。成長と成功はその途上に存在するからだ。

不可能なんて誰が決めたんだ

無理だ、できない、とすぐに愚痴ることをもうやめないか。そういうことを口にする人のほとんどが最初からなにもしない人だからだ。

自信は、いつも人が与えてくれる

自信とは自分を《信じる》力ではない。自分を《信じてくれる》人がいて、初めて我々は自信を持てる。信じてくれる仲間。信じてくれる友。我々を信じてくれる人がいつも自信と勇気を与えてくれる。

営業に不可能はない。なぜならすべて人がつくったものだから

我々は富士山をつくることはできない。太陽をつくることもできない。しかし、この世にあるすべてのビジネスは人がつくったもの。だから、ビジネスには不可能がないのだ。まして営業になんで不可能があろうか。

可能性は無限にある。我々の想像力の及ばない次元まで可能性はひろがっている

不可能を決めているのは誰か、無理だと決めつけているのは誰か、できない理由を並べたら一生並べていられる。想像力をフルに働かせること。できた自分を想像すること。ビジネスにおいて不可能はひとつもないのだ。

自分の限界は自分で破るしかない

さあ、新しい朝だ。昨日より少しだけ多くのことに挑戦する。それが今日の意味であり、新しい朝を迎えられたことへの感謝の行動だ。

イメージの限界が仕事の限界

サーカスの象は子象のときから鎖につながれていたため、大きくなり力が強くなっても鎖を引きちぎることをしない。大きくもう一度イメージし直すこと。自ら想像力を拡げなければ、我々は仕事の限界を拡げられない。

学んだ以上の知識は得られず
知識以上の会話はできない

心の中にある想いと、頭の中にある知識だけが我々のことばとなって発せられる。我々は思っていること、考えていることしかことばにできない。ことばの幅を拡げたければ、ことばの奥行きを深めたければ、学び続けることだ。

それだけが我々営業人の無限の成長となる。

素晴らしいライバルをつくろう

素晴らしいライバルとは、我々の営業スタイルにズレがないかをいつも正してくれる相手。自分のやり方が正しいか、自分の在り方が正しいかを確認できるのがライバルの存在。客観的に自分の努力、姿勢、言動、行動などにズレがないかの確認ができる。ライバルを持つ者は必ず偉大な成果を残す。

幸せだから笑うのではなく、笑うから幸せなんだ

世界中の成功者たちは真の豊かさを笑うことで手にしてきた。

営業の世界でも、笑顔の人で成績の悪い人はいない。その人は成績が良いから笑顔なんじゃなく、笑顔でいるから成績が良いのだ。

営業は志がなければただの金儲け、志があればそれは天職

理念なき利益と利益なき理念、これはどちらも罪悪だとドイツ人ビスマルクは書き残した。どんな仕事も志がなければ人生の浪費。志なき止事から志ある志事へ。さらに伝え残す師事へ。

困難は我々の知恵と努力ですべて打開できる

人がつくった仕組みをビジネスという。その中で出会う困難は知恵を絞り努力することで誰でも確実に打開できる。我々には打つ手は無限にある。

大切なのは売り方だ

似たような商品はすぐに出回り真似されるが、売る仕組みは簡単に真似できない。自社の仕組みを徹底的に組み上げること。二番手、三番手が登場しても、真似のできない売り方を確立すること。売る仕組みこそ我々が真剣に取り組む課題なのだ。

大手を真似ない。中小企業は専門家集団だ

大型店の存在に怯えたり脅威にさらされる中で、我々が常に考えておかなければならないのは、大型店が扱わないようなものを並べたり真似のできないような仕組みを作ること。小回りの利く専門分野に特化すること。我々営業人こそが売る専門集団であり、顧客の問題解決ができるプロ集団なのだ。

営業は手を抜いたら
手が掛かるもの

こんな分かりきったことをついつい疎かにしてしまう。実際手を抜いている営業人が如何に多いことか。人に遅れをとろうが、構わずに大切なことや大事なことを今日のうちにきちんとやるべきだ。

もし営業が苦しいと感じたなら、それは我々の人間力不足からの苦痛だ

営業活動は否定されるのが一番辛い。商品の否定、会社の否定、そして我々の存在そのものの否定。なぜ否定されるのか……。それは人として当たり前のことができないいま顧客の前に立っているからだ。礼儀を身につけること。礼儀こそ人間力の入口だ。

可能性

このまま座して死を待つくらいなら、新しい仕事に挑戦しよう

ヤマト運輸の創業者小倉昌男氏による起死回生のひとこと。長距離運送競争に乗り遅れ、さらに追い打ちをかけるようにオイルショックが重なり低迷していたヤマト運輸は倒産の危機。誰もがもう無理だとあきらめていたそのとき、このことばを発した。そして、誰もなし得なかった《個人》を対象にした宅急便という新しいサービスに挑戦し大成功した。

季節に春夏秋冬あり。営業にも春夏秋冬あり

長い冬の後には必ず心ときめく春が訪れる。我々の仕事にも春もあれば秋もあり、夏もあれば冬もある。一喜一憂を繰り返すことなく、坦々と続けるのが営業活動。

プロとは如何に努力したかではなく、如何なる実績を挙げたかのみ

我々の職業はとてもシンプルだ。実績の挙がらない理由を百万回述べようが、たったひとつの実績が持つ説得力にはかなわないものだ。

登り坂を歩くのが一番苦しいものだ

坂道を登るとき我々は頭を下げ下げ歩く。それは苦しくて当り前だ。しかし、それが昇る、登る、上る、というもの。成長するとは苦しいことなのだ。

朝は希望、夜は感謝

我々のこの繰り返しが営業に大切な心を育んでいる。朝は希望に目覚め、夜は感謝に眠る。それ以上なにが必要だろうか。

望んだとおりの今日が来た

我々は望んだ通りのことを得る。我々は望んだことのみ手にする。ひとつ望めばひとつは叶う。しかし、なにも望まなければすべてが叶う。今日は昨日までの心の具現化、明日は今日つくることができる。

ダメなときに運は貯まる

上手くいかないのは運が無いからではない。運を貯めているから上手くいかないだけ。

本当に大切なことは、既に知っていることの中にある

知っていることを実践するだけでいい。やらなければ、知らないのと同じなのだ。我々は必要なものは既に得ている。だからそれが必要だと気づけるのだ。有るものを最大限に使えばいい。

大変だと思う自分が大変なのだ

今起こっていることはひとつの事象であり、既に起こった事実でしかない。それをどう捉えるかがとても大切で、大変だとしてしまう自分の在り方が大変なだけ。

エッセイ

五年は惰性で行けるくらいの体力を

乗り越える意欲、スタミナ、体力、それらを身につけるのが修行というものなんでしょうか。

私の師匠日高晤郎さんは、修行って飛び立つための助走だといい切るんです。助走は長ければ長いほどいいと。そもそも師匠自身、人の何倍も修行を積んできた人ですから、妙に説得力があるんですね。

売れない漫才師たちが暮らす漫才横丁っていう長屋で幼少期を過ごしたお師匠さんですから、芸人が人前で笑顔でいるために陰でどれだけ人知れずの稽古を積んでいるか知ってるんですよ。だから人の稽古は行儀よく見るものだと私たちにうるさくいいます。稽古する姿を笑うやつは、人生の貯金を使い果たして消えていくもんだって。

その稽古という助走を走り続けられる体力を持っていると、いざというときの跳躍力も磨かれる。「それはね中村、まさに懐に刀を仕舞っておくようなものなんだ。その刀はね、たとえ食えなくても絶対に勉強だけはするっていう覚悟があれば決して錆びることがないんだ。こいつ跳ぶな、いつか跳ぶなって思わせる。これが人として一番いい味なんだよ」と教わりました。

「勉強するんだったら、上手い人とおやりなさい。うまい人とやっても急には上手くならないけど、下手とやったらすぐに下手がうつるからね」

そう真顔でいわれると、永業塾で共に勉強している仲間たちの顔が浮かび、自分は下手をうつしていないだろうかって本気で不安になるものです。

やっぱり助走のスタミナのある人、いざとなったら塀を乗り越える力のある人って、どことなく怖いものです。ちょっと用心しますよ、そういう怖さを感じると。

だからそんな人がなにか発言すると聴こうとします。実はこの駆け引きが面白かったりします。だから勉強しろとお師匠さんはいうんですよ。つまり本を読んでいれば、本を読んだ顔になる。読書って本を読んで知識を貯めることじゃない。なんでもいい、簡単な本でも。読んでいれば、読んでいるという顔と目になりますよ。それが実は助走のスタミナになるの。だからなんかのときにちょっとだけ引き出しをあけて「そうですね」って相槌を打つと、お客様はそれだけで一冊分怖がりますよ。あっ、うかつなことはいえないって。だから営業人は雑学でいいんですね。

でも、人に雑学家っていわれるのは褒めことばじゃないから気をつけないとならない。だって雑な学問だから、いわゆるかじり学問ですよっていわれているようなものです。なら膨大に持ちゃいいだろう。政治の話もできる、科学の話もできる、歴史の話なら大好きですよっていうくらいに。

そうやって稽古しておくと周りに人が集まってくるもんです。そんなとき気をつけなさいよってお師匠さんはいいます。

「中村みたいになりたい、と思われるのはいいけど、中村みたいになれる、と思われたら、お前さん素人だよ。乗り越えられる壁になっちゃう。壁は乗り越えられないから壁なんだ。だから、どんなときでも、誰にでも、乗り越えられないと思わせ続けなきゃいけない。それが鍛錬。そして、中村みたいになりたい、という憧れで居続けなきゃいけないよ」

こういわれてハッとしました。「あー、これが永業塾の存在価値で、これが中村信仁の役割なんだ」って。

本を読み、稽古を続けていると、今までと違う角度で香りを感じるときがある。例えばシンガーに対して「唄うまいよね」は禁句なんだと。歌手は売れて初めて上手いと思えるのだから、売れていなければものすごく失礼ないい方なんですね。

もし、お客様を喜ばせたい、仲間を喜ばせたいというのなら、本人に再確認させることが一番です。本人と違う表現を使って「そういういい方があったのか」とか「そうなんだよ、それをいって欲しかったんだよ」と改めて気づかせることでしょう。再認識させていると、相手は段々とボルテージが上がってくる。そうなると洗練されたことばを自分も使おうとしてくる。するとものすごい充実感を味わうプレゼンテーションになり、気持ちよくサインしてくれるものです。

ただお客様はとても残酷なものです。私たちは当たり前に努力をしますが、お客様はその努力の結果だけを見たがるんです。どれだけであろうと努力の過程は気にならないものです。なぜなら自分たちは努力しない側にいるから。

そして好き勝手いう。

私たちにとって努力していない人が一番怖いんですよ。白紙で来ますから。頭の中で勝手に価値観の図式を書き上げて、その図式に嵌めて面白がってかかってきますから。

お客様にとって売れない営業人であるならそれは言葉は悪いがクズなんです。心の中で私の方が上手に売るわよって思ってますよ、本気で。

売れない営業人ってモノを売ろう売ろうとしてますから。じゃあお客様になにを売っているか、大事なのは自分でしょう。私はこういう価値観です。私はこういう生き方です、っていうものを。

だからお客様と波長が合う、ということの長《ちょう》は大事でしょう。そこを間違う営業人が多い。波長を大事にしないで、同調、協調、という調を大切にしちゃうんです。

だから「楽しいですね」なんてお客様にこちらから誘いかけるプレゼンをしている。同調じゃない。波長の合う相手に面白がらせなきゃ。だから営業がつまらなくなるんです。

お金について

お金は目的を遂行するための道具でしかない

ペンやノートと同じく、お金は仕事のツールだ。包丁やまな板のように、お金は暮らしのツールだ。ギターやピアノと同じく、お金は娯楽のツール。お金は人生のすべてじゃなく人生の一部。深刻にならず上手に活用するだけ。お金のないときは笑って過ごし、有るときはもっと笑って過ごせばいい。

お金によって信用を失ったなら、また稼げば簡単に戻ってくる

お金ほど人の心が見えるものはない。お金があると寄ってくる人、お金がなくなると離れていく人。お金による信用は簡単に大きくなったり小さくなったりする。しかしこれほど分かり易い信用のものさしもない。お金の有る無いで得たり失ったりする信用は、案外どうでもいいものだ。

正しいお金の使い方は本を買うことのみ

一冊の本との出会いは三人の友を得たのと同じ。新しい学びを得るばかりでなく、我々の言葉に深みと幅を与えてくれる。そして、素晴らしい本は、ぜひ顧客に薦めるべきだ。いや、買って贈るべきだ。本を贈ることは顧客投資である。ためらわずに本を買える生き方を身につけるべきだ。

支払いをするときは《お金》にありがとうを

お金というものは受け取るとき以上に感謝を込めて《ありがとう》と手渡すのが基本。受け取る人より支払う自分が嬉しくてたまらないという状態で手渡す。するとお金は仲間を連れてすぐに戻ってくる。財布の中身はそもそも感謝の量に比例している。感謝の足りない者の財布の中身は軽くなる。

やれるのにしない人を お金は嫌う

営業活動においてお金は大切な道具であり原動力だが、お金は居心地の良い場所に簡単に移動する。努力する人、行動する人、頑張る人が好きで、そのような人を絶対に裏切らない。それがお金だ。

調子の良いときが一番難しい

お金とは有るときに貯めなければ残らない。しかし、ほとんどの人が有るときに使ってしまう。お金がなくなるきっかけは、失敗したときではなく、成功しているときにつくられている。

収入の半分貯金

営業活動において行動費は重要。いつ収入が途切れても日々の活動を止めてはいけない。常に収入の半分を行動費としてプールする習慣をつくること。日々の活動と日々の暮らしは半分に分けて考える。

出すのが先、入るのはあと

電車もエレベーターも降りる人がいるから乗ることができる。お金も支払いを先にしない限り大きな収入は得られない。常に惜しむことなくドンドン支払うこと。売上げや金回りのよい営業人は、いつでも誰よりお金を使っている。

消費税率分の自己投資を惜しまない

消費税率と同じ比率で収入から自己投資額を算出する。人生で一番確実で一番大きなリターンの投資は自己投資のみだ。

エッセイ

運のいい人とは縁のいい人

あの人は運がいい、そんなことを聞いたりしますが、そもそも運のいい人の「運」てなんでしょう。私は「縁」だと信じているんです。運のいい人って縁のいい人なんだろうなって。運は運ばれてきますが、そもそも誰が運ぶのか。牛や馬が運んでくれるわけじゃない。吉報が届いたり、嬉しい声掛けがあったり、すべては、自分ではない「誰か」が私たちの元へ運んでくるんです。そう考えると実に生きるってことがシンプルに思えてきたりするもんです。なぜシンプルかといいますと、人が運を運んできてくれることが分かっているんですから、人を大切にすれば黙っていても運のいい人になれるってことなんです。

ただ、人っていうのは、いい人もいれば悪い人もいる、その見分けがとても重要だったりします。だって、いい人も悪い人も、必ずなにかを届けてきますから。そうなると受け取らないという技術を持っているかどうかが次に大切になります。

なんでもかんでも受け取ると、すぐにお腹が一杯になっちゃう。大切なのは八分目です。もう少し欲しいけどこれくらいで我慢しておくという覚悟ができるかどうか。つまり運のいい人って、腹八分目で生きているんです。

受け取らないという技術はとても残酷な技術であると同時に、相手に対して強い反撃でもある。例えば怒りをぶつけてくる人がいます。ものすごい剣幕で向かってくる。どうしてくれるんだって。それに対して何がどうしたっていうんだと反論すると、たちまち大喧嘩になっちゃう。だけど、何かあったんですか、そりゃあ大変だね、気の毒に……、と流しちゃうんです。誰かがお土産を持ってきたとき、それを受け取らなかったらどうなります、持って帰らなきゃいけなくなりますよね、それと同じなんです。受け取らないということは、とてもシンプルなんですが、ものすごい効果のある技術なんですね。

何でもかんでも受け取ってしまうから、自分は運がいいのか悪いのか分からなくなる。嫌なものは受け取らない、これに限ります。また逆も真なりで、あしらわれることもある。なんでもかんでも人に対して文句をいったり、怒りをぶつけたりして、なにかを人に渡そうとしたとき相手が受け取らない場合、それを自分で持ち帰ることになりますから……。結局は人を利用しようなんていう料簡の人が陥りやすいんですが……。

結局のところ、強引に自分のいうとおりに人を動かそうなんて考えているひとは運の悪い人なんですよね。

我を通そうとしたりするのも良くない。

傍から見ていたらわがままこの上ないんですが、本人はそのことにまったく気がつかない。

それどころか、あまりの押しの強さに相手が辟易してしまい、どうでもいいやなんて感じで、たまたま思い通りにものごとが運んだときなんか、当の本人はツイテいるなんて感じちゃう。だから、あんまり人前でツイテいるなんて口にしない方がいいでしょうね。特に営業人はそのことに注意しなきゃいけない。ツイテいるっていうセリフはお客様には傲慢に映るもんです。それなら「有り難い」といい換える方がよっぽど粋ってもんじゃないんでしょうか。

営業という仕事はすべて縁で構築されているんですから、人を動かそうとか、ノーを消そうとか、自在にコントロールしようなんてことを考える時点で、なんてツイテいない人なんだろうと逆に感じてしまうものです。

だから四十過ぎたら縁が自分の成績と比例していることをそろそろ知っておくべきなんですね。

成績の悪い営業人と話をすると分かりやすいのが、愚痴、不満、悪口、がことばの端々に溢れていること。それに面白いことに、お世辞を並べている人が多い。また、人と人とが仲違いするような忠告めかしたことをいって悦に入っている人も多くいます。ただ不思議なもので、本人は全く自覚がないんです。それどころか一所懸命嫌われる努力をしちゃっている。

一見、お世辞を上手に使うことは縁を引き寄せそうなんですが、縁はそんなにやわじゃない。勿論簡単なものでもない。

なぜなら、お世辞をいわれている人は心地よいでしょうが、その周りの人は不快なんです。

そして世の中は、いわれる本人の周りには必ず複数の取り巻きがいて、その人数は多いもんです。要はお世辞をいっている人といわれている人以外は冷めた目で二人を観察しているわけですよ。

これ、傍から見たらかなり滑稽です。

そう考えると、やはり運のいい人というのは、人さまに好かれなければならないってことなんです。嫌われちゃいけないんです。ただ、先にも述べましたが全員に好かれるなんて必要はありませんが。

人って嫌いな人のそばには行きたがらないじゃないですか。私なんか行儀の悪い年上が大嫌いです。行儀の悪い年下なら叱ることもできますが、年上じゃ叱れないし注意もできない。本当にたちが悪いんです、行儀の悪い年上は。

だけど最近分かってきたことなんですが、行儀の悪い大人って、自信のない人なんですね。自分に対して自信を持てないから、人に威圧的になってしまう。やはりこれも運のない人、残念な人なんです。

どうでしょう、そう考えると私自身、やはり運がいいのか悪いのか、分からなくなるもので、そもそも運のいい人って、こんなことすら考える必要がない人なんだってことに、今更ながら改めて気づかされました。

顧客とは

顧客は解決するためのアドバイスを求めているのではなく、常に自分を理解してくれる人を求めている

誰もが答えを持っている。それが正しいかどうかの確認のために我々に「相談」する。背中を押して欲しいのか、止めて欲しいのか、それを見抜く力が我々には必要だ。

新しい顧客を創造する

出会いの数だけ顧客は増え続ける。それが営業の原理原則だ。今日の出会いを創造すれば、顧客は自《おの》ずと増えていく。

小さな《選択》と《決断》を繰り返すことで顧客は頭の中を整理している

二者択一話法が、なぜ効果的なのか……それは意図的に選択させ、顧客の頭の中を整理しているからだ。そして、推定承諾話法が効果的なのも、効果的に決断を呼び起こしているからだ。

顧客は横柄な人を嫌い、嘘つきはもっと嫌う

営業という職業は、世の中のどんな職業よりも気高く、そしてどんな職業よりも誇り高い。営業という職業を私は愛している。愛する仕事に誇りを持つ、こんな当たり前のことを大切にすることだ。

顧客との出会いは必然。それはすべて成長のための必然

出会うべきとき、出会うべき顧客に、我々は一分一秒のズレもなく出会う。目の前の顧客を大切にすることから営業は始まる。

顧客の意見や考えを尊重しない限り、我々の意見や考えを聞いてもらうことはできない

否定ばかりする人へは足が遠のく。文句ばかりいう人へは近寄らなくなる。まず相手の考えを尊重することから人としての交わりが生まれる。もしも顧客が我々の理論を認めない場合でも、我々は忍耐を失ってはいけない。

説得に努める人は反感を招き
納得に努める人は信頼を得る

顧客は説得された場合、無理やり契約を迫られたという印象を抱くが、納得した場合は感動してくれる。納得してこそ顧客は自ら動きたくなり、進んで我々の応援団になってくれる。

顧客は常に不安だ。だから安心できる営業人を大好きになる

自分のことは一切捨てて顧客のためだけに生きる一日をつくる。すべての人を安心させられる人はいないが、たった一人の顧客に寄り添うことはできる。毎日別の一人に寄り添えば一年で三六五人の顧客のそばに寄り添える。

顧客の《良かった》探しに徹する

長所を褒める人は多くの顧客の支持を得る。欠点というものに目を向ける行為は無意味だ。我々は《良かった》を探すだけ。自分でも気づかない《良かった》を発見してもらえた顧客は我々の大ファンとなる。

お客様から
ノーをいただいたときこそ、
本音を聞く最大のチャンス

顧客は必ず最初にノーという。これは日本人の生活習慣の決まりである。そのノーの瞬間から本当のクロージングは始まる。そのときから顧客は初めて本音を話し始める。

ひき込まれそうになる
無邪気な笑顔、
そんな笑顔に
顧客は勇気と希望を
感じてしまう

デスクの上に鏡を置くこと。オフィスの中に姿見を置くこと。いつも、仲間と笑顔チェックをすること。電話の横には必ず鏡を置き、いつでも笑顔の確認を。

顧客は、目を見て頷きながら話を聞いてくれる人を誠実な人と感じる

顧客から目を離さないこと。ぼーっとしないこと。頷きながら話を聞くこと。顧客は、自分が一番でありたいのだ。大勢いる顧客の中で自分が一番大切にされていると実感したいのだ。

顧客は意外に自分の本音に気づいていない

本当はどうしたいのか……我々も悩むように顧客も悩んでいる。我々の仕事は顧客の抱える《悩み》を具現化すること。潜在的な問題を顕在化させ、その解決に努めるのだ。

顧客がお店を選ぶように、我々も顧客を選ぶ時代がきた

ポジティブなお客様と付き合う時代だ。ネガティブなお客様は我々の仕事への情熱や我々の職種への自信や我々の仲間たちとの夢までもマイナスに導いてしまう。顧客は選んでいい。ただし十年以上営業の道を歩んでからであること。

不安な気持ちは態度に出る。自分では分からないが顧客は見抜いている

顧客は我々の心理状態を的を射るように見抜く。最も重要なことは、いついかなるときでも自信を持って堂々と顧客と接すること。どんな悩みや問題があろうとその不安に負けてはいけない。

顧客は、損に去り、得に目を向け、徳に集るもの

損得は目に見える。目に見えるものへの反応は素早い。徳は目には見えないがコツコツ積み上げるもの。最後はこの見えない徳に顧客は集まる。

困難なときこそ人は見ている

ジッと我々は見られている。困難なときこそ見られている。我々がどう振る舞うか、どう対応するか、顧客は注目している。困難なときこそ弱気にならず笑い飛ばし、そして最高の舞台で主役をはるときだ。

たまたま顧客の時代は終り、わざわざ顧客の時代になった

たまたま近くを通った。たまたま目に入った。たまたま気になった。そのような顧客はいなくなった。わざわざ遠くまで来てくれた、という顧客の時代になった。自分の専門性を磨かなければ、わざわざ会いには来てくれない。

顧客に意見してはいけない。顧客は同意を求めているのだから

顧客はなにが正しいのかを知りたいのではなく、自分の理解者を求めているに過ぎない。関心は自分の考えが正しいかどうかだけ。顧客は我々に「その通りだ」といって欲しい。つまり、我々は顧客の孤独を癒す最大の理解者だ。

笑顔は同意、無言は拒絶

顧客の笑顔は我々を受け入れてくれた証拠であり、顧客が微笑むときはイエスのサイン。しかし、無愛想であったり、憮然としていたり、無言のときは拒絶されていることを理解しなければならない。

正しければ光が訪れ、間違っていれば苦がやってくる

顧客への態度、行動、言動が正しければ光に包まれる。間違っていると苦がやってくる。また我々の生き方が正しければ、黙っていても顧客は集まり、間違っていれば顧客は去っていく。顧客は、今やれることを精一杯やる人を好むものだ。

エッセイ

場のカミサマ

営業の世界で生き抜き、なおかつ確実に成果を挙げ続けるには、技術の向上や人柄以上に大切なことがあるものです。それは「場」のカミサマに受け入れられるかどうかじゃないでしょうか。

カミサマという表現を使うと鼻白《はなじろ》む人がいますが、営業を十年以上も続けていると、カミサマに導かれたとしか思えない現象のひとつやふたつ、誰しも経験しているんじゃありませんか。

どうしても数字を挙げなければならない締日の夕暮れ……。

どう考えても予算を達成するのは不可能としか思えない状況下。

絶体絶命とあきらめかけたその瞬間電話が鳴る。しかも、契約を希望するというお客様から……。

涙ぐむ自分。そして電話の向こうに深々と頭を下げている。

そしてそのことに誰よりも自分が一番信じられないでいる……。

なぜこのタイミングで……。

長いこと営業活動を続けていると、誰もがこんな経験のひとつやふたつあるはずです。

最近分かったことなのですが、これは間違いなく導きでしょうね。

もちろんカミサマの。だってそれ以外、説明がつかないでしょう。

カミサマがいるのかいないのか、そんなことはどうでもいい。

そんなことを議論する気もありませんよ。

ただ、このような経験がまだないという営業人は「若造」だってことなんです。ここでいう若造とは年齢ではなく、営業経験年数です。

ならば黙って「へー、そうなのか」と受け止めて欲しいものです。

オフィスにはオフィスのカミサマがいます。そしてカミサマは「一番」という数字が好きなんです。

一番早く出社する人、一番遅くまで働く人、一番多く訪問する人、一番多くアポを取る人、一番きれい好きな人、そんな具合に「一番」が好きです。

こんなことをいうと、かならず「では、一番の怠け者も好かれるのか」と小学生みたいなツッコミがたまにありますが、面倒臭いから放っておきましょう。ただ、清濁併せ持つのがカミサマですから、まんざら嫌いじゃないかもしれませんね。一番の怠け者とか、一番不潔な人など、もしかするとカミサマに好かれていて、生涯怠け者、生涯不潔者として生きられるよう導かれているのかもしれません。

あと、カミサマは礼を尽くす人も好きなようです。

お客様の家、訪問先の会社、もちろん自分の職場、立ち寄る銀行や喫茶店、利用するバス停や電車の駅等々、それぞれの「場」には、それぞれのカミサマがいる。私はそう信じています。

その「場」のカミサマが受け入れてくれるかどうかは、道を歩く上でとても大きいと思うんです。万が一カミサマに嫌われると、そりゃあ大変です。まとまる話もまとまらない。あとはライティングだけという場面を簡単にひっくり返されたことも一度や二度じゃないでしょう。

朝、家を出るとき、家人に「いってきます」というのは当たり前なんですが、営業人なら、玄関で「行って参ります」と頭を下げるべき。またオフィスに着いたら「おはようございます」と同時に「よろしくお願いします」と。

これらはすべて「感謝」の心でもありますが、当たり前過ぎるが故にできていないもので、だからやってみるんです。とても簡単ですから。

カミサマに嫌われて苦労するよりかは、カミサマに好かれてワクワクする日々の方が人生楽しいものですよ。

使命とは

営業の使命は、商品を利用した顧客が喜び、そして幸せになってもらうことにある

不満やクレームが発生する営業活動は続かない。顧客満足を提供できない者は、日々の活動において商品の説明をしている。正しい活動は商品の利用説明でなければならない。

営業の使命は売ることではない。顧客の問題解決のお手伝いをすることだ

売るだけの営業はモノ売りという。真の営業とは顧客の困っていることを発見し解決することだ。顧客の悩みを顕在化し解決する。そして顧客と共に成長し感動を共有する使命を担っている。我々の報酬は顧客からの《ありがとう》ということばで十分なのだ。

たとえ偽善と言われようとも善いことはやらないより、やった方がいい

人の目など気にせず、そこにゴミが落ちていたなら拾うべきだ。善行を恥ずかしがってはいけない。正しい心の人が善いことをするのではなく、善いことをしているうちに正しい心が育まれる。

誰に喜ばれたいか、誰と歩みたいのか、誰を幸せにしたいのか

いつも想うことがある。今日まで誰かが支え続けてくれていると。そろそろ自分のことばかり考えることをやめて、せめて今日だけでも誰かのことだけを考える一日にしてみてはどうか。

どうしたいのか、
どうなりたいのか、
そして、どう在りたいのか

友人に自分はどんな人として憶えられたいか。家族にどんな人だったと記憶されたいか。生きては人に喜ばれ、死んでは人に惜しまれる、そんな人として今生の使命を全うしたいと思う。

今、あなたは笑顔ですか

笑顔は勇気だ。辛いときこそ笑顔。苦しいときこそ笑顔。笑顔とは、外へ向ける表情ではなく、自分の心へ、自分自身へ向けるものだ。

義務を果たさずに
権利を主張してはいけない。
責任から逃げて
自由を求めてもいけない

権利と自由だけを主張する人を「わがまま」という。義務と責任を果たす人を《本物》という。

ことばには魂がある。ことばで人を生かすことも、ことばで人を殺すこともできる

ことばは一人歩きする。そして何気なく言った愚痴や悪口は必ず自分に還ってくる。いつも勇気あることばで隣の人を優しく包み込む。そういうことばを使うことが営業の使命。

ことばの汚い人は心も汚い

人は普段想っていることがことばになる。ずるいことを考えている人はずるいことばを使う。優しいことを考えている人は当たり前に優しいことばを使う。外に向けたことばの汚い者は、内にある心が汚いのだ。

**常に勇気と希望に満ち溢れている ことばを。
愛と優しさのあることばを。
魂への説得は
そんなことばから生まれる**

ことばには、その人の人生が乗っかっている。軽い人生を歩んでいる人のことばは軽く、重い人生を歩んでいる人のことばは重い。深い人生を歩むことで奥の深いことばを持つものだが、深いことばを使い続けることで、奥の深い生き方になるともいえる。

死んでも
泣きごとはいわない。
弱音は吐かない。
だから、
人は我々についてくる

真の営業人は、キツイ、ツライ、キビシイときこそ強く輝いていなければならない。いつも笑顔、今日も笑顔、大変なときこそ笑顔。それが本物への道程だ。

お金を失うことは
小さな富を失うこと。
信用を失うことは
大きな富を失うこと。
自信を失うことは
すべてを失うこと

　お金がなくなれば、また稼げばいい。信用を失くしたら、もう一度積み上げるだけのこと。しかし自信を失うことは大変なことだ。自分を励ましてくれる仲間を大切にすること。なぜなら自信は仲間たちが運んできてくれるからだ。

みなぎる自信とあふれる想いで、自分と周りの人に愛と勇気を与え続ける

顧客は今日も我々の笑顔を待っている。顧客は今日も我々の元気を待っている。顧客は皆、我々と一緒に居たいのだ。

周りの人を幸せにすることが営業だ

人を不幸にしてどうする。豊かな世の中をつくるために我々は働いている。迷惑な人間は営業職についてはいけない。

できない理由を並べたら一生並べていられる

営業とは顧客が不可能に感じることを可能にするために汗を流すのが仕事。顧客の不便を便利に変える。顧客の問題を一緒に解決する。できない理由を並べるのではなく、どうしたらできるかを考え続けることだ。

優しいという字は
《人》の横に
《憂い》が立っている。
憂う心を知る人こそ
人に優しく、
そして優秀な人という。

成績の伸びない部下の気持ちを理解できるのは、成績の伸びなかった時代を経験した者だけ。辛さや哀しみを知っているから部下を育てられる。哀しみを経験した人、人の痛みの分かる人、心に傷を持っている人、そんな人だから人の上に立ち人を育てられる。

少しだけ損をして生きてみる

我々は無意識で「ちょっとだけ儲けよう」と考えている。誰よりもお金儲けが得意なら「ちょっと儲けよう」と生きるのもいいが、我々営業人はお金儲けとは違うステージに立っている。それは「お人もち」のステージ。だから《少しだけ損する生き方》を歩む。すると我々の周りに溢れんばかりの人が集まってくる。

不況の時こそ営業人が必要とされる時代なのだ

世間が不況になるほど我々の活躍の場が増える。それは誰よりも現場の声を聞くことができ、真に必要なものを提案できるからだ。無事な世の中にこしたことはないが、有事のときに頼りになる営業人でいられるかどうかが普段の覚悟に現れる。

元気な人の元気と、人を元気にする人の元気は似て非なり

営業は顧客や取引先など、とにもかくにも相手を元気にすることが使命。相手を不安にさせたり、不信がらせたり、ましてや不機嫌にしてどうするのか。また、ただ元気だけが良ければいいというものではない。その人に会うと元気になるという人がいる。我々はまさに顧客を元気にする元気さが必要なのだ。

自分の能力、自分の時間、自分のお金。それらは本当に自分のものなのか

能力はご先祖様から授かったもの。時間は命として与えられたもの。お金は信頼されて預けられているもの。この世にひとつとして自分のものはない。授かった能力を出し惜しみするのは最大の親不孝。営業とは与えられたすべてのものをフルに活用して、目の前の顧客を満足させることに意義がある。

最小の努力で最大の成果をあげるのではなく、たとえ最小の結果であっても最大の努力を惜しまないこと

徹底することが大切なのだ。なにかことを為すにあたり労力を最小限に食い止めようとする努力は破綻への道だ。ことを為すには、いつだって最大限の労力を惜しむことなく使い、活動しなければ営業は成就しない。

最大の学びは教えること

つまり営業活動のゴールは顧客へのアドバイスにある。学んだことをアドバイスすることで我々の活動は完成する。つまり、顧客を導くことで我々の技術は更に高みへと向かうのだ。

我々は営業という職業を選んだのではなく、営業という生き方を選んだのだ

職業は変えられるが、生き方は変えられない。一回きりの人生とは一回きりの挑戦の連続なのだ。

おわりに

三十年道となる

「十年恐るべし、二十年偉大なり、三十年道となる」ということばがありますが、わたしは営業の道を歩くこと三十二年、つまりひとつことを続けて三十年を過ぎたわけですから、やっとその道を遠慮なく説く資格を得たことになります。

そもそもわたしが営業の世界へ足を踏み入れたきっかけは、高校三年次の担任、神山先生のひとことでした。

「大学へ進学する同級生たちに引けを取らないように、日本一厳しい会社で四年間修業しなさい」

金銭的理由から進学を断念していたわたしに神山先生はそういうと、一緒になって日本一厳しい会社探しを手伝ってくれました。そしてわたしは完全歩合制の営業の世界へと進んだのです。

あれから三十年以上が過ぎましたが、わたしの人生において神山先生との出会いがなければ……、そしてあのひとことがなければ……、自分の現在《いま》は存在しなかったろうと考えます。まさに恩師との出会いに心から感謝するのみです。

しかし、十八才から二十二才までの四年間というものは本当に地獄のような厳しい毎日で、ただ、ただ、神山先生を恨む日々でした。それでも今その四年間を振り返ると、おかしなことに人生の宝物に変わっているという不思議を得ます。

やはり人の喜びというのは、己の成長を実感するところにしか存在しないのでしょうか……「楽しき中に思い出なし、厳しき中に喜びあり」なのです。

それにしてもひとつことを続けてこられたというのは、本人の意思の力ではなく、天命の導きがあったからにほかならないと感じています。偶然が重なり必然となり、必然が繰り返されて自然となったんです。

ですからわたしの書く営業の本は、営業に就いて半年の人が読んでも、二十年の人が読んでも分かるよう自然に書いています。

これはなんでもそうでしょうが、難しいことをそのまま難しく書くような素人では本にしてもらえません。また、簡単なことを難しく書き、もっともらしく読ませるような真似もしたくないものです。難しいことを誰にでも分かるようにとことん簡単に書くのがわたしのこだわりなんです。

表現は余りにも簡単なものですから、営業の素人さんが読むと、初心者にして「初心者が読む本だ」などとおっしゃる妙にわたしは吹き出してしまいますが、でも幸か不幸か、わたしの本をこよなく愛してくれる読者の人のほとんどは営業のプロたちだということに、わたしの物書きとしての運の強さを感じてしまいます。

読む者が営業のプロなら、こちらはそれを上回る勉強を続けなければなりません。それが幸運でした。勉強を続ける動機を常に読者の方からいただけるわけです。ですから今も現場を歩き、市場を感じ、売り手の苦労を体感し、買い手の心理を勉強する。お互いが切磋琢磨し合い手抜きがない。いや、手抜きができないといった方が正確でしょう。原稿を書くときと、プロの読み手を意識せざるを得ない。そんな中、この度、また新刊を出す機会をいただきました。それは、わたしが発行し続けている「営業の魔法３６５」というメールマガジンの読者が十万人を越えましたことと、そのメールマガジンの読者の皆さまから、内容を単行本にして欲しいという要望が多く寄せられ、それなら折角なので厳選し（カテゴリーをつけて）一冊にしてみようではないかとなったのです。

そのタイトルが「営業の智慧」とは、また大上段から構えたようなものですが、それでも、この書の中に書かれていることは、これまでの営業道の中で先人たちの智慧として語り継がれてきたモノがほとんどですから皆さまには、お許しをいただくしかありません。

そして、ひとつことを続けて三十年が過ぎましたので、それらの智慧をまとめるお役が自分に廻ってきたものとおもい生意気にも一冊の本にいたしました。

営業の世界に、昔ながらの頑固おやじがいるのも悪くないことでしょう。昔は近所に必ずひとりやふたりいたものです。そして、とにかくダメなものはダメだと屁理屈を竹ぼうきでへし折ってくれました。

わたしもそんな営業の世界の頑固おやじの役割を引き受けてみた

くなりまして、この営業の智慧なるものをしたためたのでございます。もちろん誰に頼まれたわけでもありませんが……。
そんな男が勝手に書いた営業の智慧、ご堪能いただけましたでしょうか。屁理屈をいわずに、まずはそうなのか、とご納得いただけたなら幸いです。

著者

著者 プロフィール

中村信仁　Shinji Nakamura

1966（昭和41）年2月生れ
株式会社アイスブレイク　代表取締役
ラジオパーソナリティー

新卒で外資系出版会社ブリタニカに入社。入社前研修中に初契約をいただくという世界初の記録を樹立し、その夏のコンテストにて世界最年少で3位入賞。翌年、世界最年少マネジャーに昇進。4年間の在職中、すべてのコンテストに入賞。現在は企業家、講演家、ラジオ話芸人、執筆家として活動。営業プロデュース実績先はパソナキャリア、アクサ生命、ソニー生命、住友生命、エネサンスグループ、郵便局グループなど多数。また、全国で活躍する各業界、各業種の営業人たちを組織した勉強会「永業塾」を全国9ケ所（札幌、仙台、福島、東京、名古屋、大阪、福岡、熊本、宮崎）にて開催。
公式ホームページ　http://poji-poji.com/

【営業の智慧 やり方と在り方】

初刷 ―― 二〇一六年一月二八日
著者 ―― 中村信仁
発行者 ―― 斉藤隆幸
発行所 ―― エイチエス株式会社　HS Co., LTD.
064-0822
札幌市中央区北2条西20丁目1-12佐々木ビル
phone : 011.792.7130　fax : 011.613.3700
e-mail : info@hs-prj.jp　URL : www.hs-prj.jp
印刷・製本 ―― 中央精版印刷株式会社
乱丁・落丁はお取替えします。

ISBN978-4-903707-64-8